LETTRES SUR NICE

ET SES ENVIRONS.

LETTRES

SUR

ET SES ENVIRONS.

MONTPELLIER,
IMPRIMERIE L. CRISTIN ET Cᵉ, RUE DU FOUR-GENIÉS, 4.
1852.

LETTRE 1re.

Octobre 1839.

Puisque vous ne craignez point de me rappeler la promesse que je vous ai faite de vous donner quelques détails sur Nice et ses environs, je me rends à vos désirs, au risque de vous faire repentir de me les avoir exprimés. Parler d'un pays que j'aime et où se sont écoulées les premières années de ma vie, sera pour moi, vous ne pouvez en douter, un plaisir si entraînant, que je crains bien de me laisser aller à des détails qui m'offriront le charme d'un souvenir d'enfance, tandis qu'ils pourront n'être pas entièrement de votre goût ; mais vous l'aurez voulu et vous subirez la peine de votre provocation imprudente. Je me retranche donc hardiment derrière cette excuse.

Vous ne vous attendez pas sans doute que je vous envoie une statistique longuement développée, ni l'histoire détaillée de ce pays. Ce serait une entreprise au-dessus de mes forces, et que d'autres d'ailleurs ont déjà exécutée avec succès. Je n'ai d'autre but, en prenant la plume, que de confier, à votre indulgente amitié, mes impressions de voyageur et les quelques observations que j'aurai pu recueillir en parcourant ces contrées. Peut-être s'en trouvera-t-il quelqu'une qui aura échappé aux regards de ceux qui m'ont précédé. Tout le monde ne voit pas les mêmes choses, ou ne les voit pas de la même manière, et là où le rateau du moissonneur est passé, il reste encore à glaner.

Il est peu de pays qui aient été autant célébrés que celui-ci, soit en prose, soit en vers. Ses sites pittoresques, son beau ciel, sa position délicieuse ont inspiré bien des poètes. Ceux qui ont le bonheur de l'habiter et d'y laisser couler leurs jours, lui ont souvent prodigué les accords de leur lyre, et ceux qui, pareils à des oiseaux de passage, viennent seulement y reposer leurs ailes fatiguées, ne le quittent guère sans faire entendre en son honneur des chants de reconnaissance et d'admiration. Delille n'a pu chanter les *Jardins* sans que la grâcieuse image de Nice vint s'offrir à son esprit (1), et,

---

(1) O Nice, heureux séjour, montagnes renommées,
De lavande, de thym, de citron parfumées, etc.
(Les Jardins, *Chant* 2.)

depuis Delille, bien d'autres poètes étrangers ont consacré à ce beau pays les souvenirs de leur Muse.

Pour moi, qui n'ai pas reçu du ciel le don de la poésie, je voulus cependant, après vingt ans d'absence, payer aussi mon tribut à ma première patrie, et, le cœur plein d'une douce émotion, je m'écriai en approchant de ses murs :

Je vais revoir tes riantes montagnes,
Et tes villas, et tes champs d'orangers,
Ton ciel si pur, et tes vertes campagnes :
On ne vit pas sur des bords étrangers !
O ma patrie ! ô Nice que j'adore,
Vers toi j'accours comme un fils bien-aimé ;
Car il me faut, pour pouvoir vivre encore,
Les doux parfums de ton air embaumé.

Salut, salut, ville qui me vis naître,
Où de mes jours coulèrent les plus beaux !

Mes yeux surpris ont peine à reconnaître
Tes frais jardins, tes palais, tes coteaux.
Je te revois et plus grande, et plus belle...
Comme le temps nous a changés tous deux !
Moi, j'ai vieilli, mais, à ses lois rebelle,
De plus d'éclat brille ton sol heureux.

Oui, la voilà ta plage fortunée
Où le flot clair se déroule sans bruit ;
Voilà ton ciel d'azur, dans la journée ;
D'azur et d'or, au milieu de la nuit.
Sous l'olivier, je te retrouve assise ;
Au fond du golfe, à l'abri des autans,
Cité d'amour que caresse la brise,
Heureux séjour d'un éternel printemps !

Oh ! qu'il est doux de reposer sa tête,
Dans tes vallons, sous tes ombrages frais,
Et, quant au loin murmure la tempête,
De vivre ici dans une heureuse paix !
De vagues sons ta campagne est remplie,
Et le zéphir, vers ce bord enchanté,
Parfois apporte un chant de l'Italie,
Ou de la France un cri de liberté.

Nice, comme vous le savez, est située au 43e degré de latitude septentrionale, et au 5e de longitude, en prenant pour méridien celui de Paris. Elle est abritée, du levant au nord et du nord au couchant, par un demi-cercle de collines, comme par un manteau que la frileuse aurait jeté sur ses épaules pour se préserver des vents glacés de ces régions. C'est cette heureuse position qui la fait le rendez-vous d'hiver de tant de familles étrangères.

Ce n'est pas la beauté de la ville qui peut attirer cette foule opulente de toutes les contrées de l'Europe. Les anciennes rues étroites et tortueuses, presque exclusivement habitées par la population ouvrière, ont en général un aspect de tristesse et de misère qui contraste avec l'élégance, la régularité et la richesse des quartiers nouvellement bâtis. Mais ces nouveaux quartiers, qui promettent, dans un avenir prochain, une ville d'une beauté remarquable, sont encore bien peu nombreux.

Nice n'a ni édifices publics, ni monuments que l'on puisse citer ou comparer à ceux des autres villes d'Italie ; aucun de ces dépôts précieux en objets d'art dont ses rivales sont si riches et si fières. Une bibliothèque de peu d'importance est toute sa fortune scientifique. Quant à sa campagne, elle est, il est vrai, fertile et variée, mais elle a si peu d'étendue que l'on ne compte dans ce pays que très peu de grandes propriétés rurales. Les Alpes et la mer sont là qui la serrent et la pressent de tous les côtés. Les étrangers sont sa principale récolte : c'est ce qui a fait dire à M. Petit-Senn, de Genève, dans son poème sur Nice :

Envain Nice a l'olive et l'orange et la figue,
L'étranger est pour elle un plus précieux fruit ;

> L'or de tous les pays, son ciel le lui prodigue!
> Et son air lui rend plus que son sol ne produit.
> Ce sont des bâtiments qu'en ce pays l'on plante ;
> Et l'argent des Niçois ne peut mieux s'employer :
> Leur plus petit réduit fait une grosse rente ;
> Si leur hiver est doux, bien âpre est leur loyer.

Mais quel est donc le charme puissant qui attire à Nice tant de Crésus cacochymes ?

Sans doute, la douceur du climat, la pureté du ciel, les parfums de ses jardins, la limpidité de ses ruisseaux, l'azur des flots qui viennent baigner ses pieds, sont bien faits pour séduire. Cependant, d'autres villes plus grandes et plus belles possèdent plusieurs de ces avantages, et malgré cela, c'est toujours à Nice que l'on accorde la préférence. C'est qu'il me semble qu'elle sait mieux faire valoir ces avantages : elle a ce *je ne sais quoi* qui charme au premier aspect, et que l'on préfère à la beauté même : c'est comme le piquant de la physionomie.

Elle est couchée, avec tant de grâce et de nonchalance, au fond de son golfe ; elle s'endort si gaîment au bruissement des vagues et aux chants des matelots ; elle fait briller au soleil avec tant de coquetterie ses milliers de persiennes vertes ; ses maisons toutes badigeonnées sont si riantes et si bien disposées pour recevoir les chauds rayons du jour ou la brise marine ; la vie, enfin, y coule si douce et si paisible, que l'on regrette toujours, en la quittant, de ne pouvoir y finir ses jours.

Nice est en voie de prospérité et d'accroissement : l'on ne peut s'en absenter quelques années sans s'exposer à ne plus la reconnaître.

Le faubourg de la *Croix de Marbre* ([1]), qui

([1]) Ce faubourg tire son nom d'une croix de marbre élevée en l'honneur de la négociation qui eut lieu dans cet endroit, en 1538, entre Charles-Quint, François 1er et le pape Paul III.

s'avance sur la route de France, et qui sera bientôt aussi grand que la ville, est en quelque sorte une colonie de différentes nations. C'est le quartier de prédilection des étrangers. Là, tout est varié : langage, mœurs, costumes, manières ; le luxe, la livrée, l'équipage sont à toutes les portes. Pendant l'hiver, c'est un mouvement continuel, une vie d'agitation et de plaisir, dans des jardins parfumés de citronniers et d'orangers, ou dans des salons chauds et resplendissants de lumières. Le malade y oublie ses maux, l'homme valide y double ses jouissances. Mais dès que s'ouvre le premier bourgeon, dès que paraît la première hirondelle, toute cette riche et bruyante population prend sa volée et se disperse : elle va chercher dans d'autres climats ce que Nice ne semble pas lui promettre : la fraîcheur et l'ombrage.

Cependant, les chaleurs n'y sont pas aussi fortes que la température de l'hiver pourrait le faire supposer. Si le soleil a pour cette ville, dans la saison rigoureuse, ses rayons chauds et vivifiants, la mer, en été, a sa brise qui rafraîchit l'air et le purifie.

C'est au moment où les étrangers vont partir que commencent, dans les environs de la ville, les fêtes du carême. On dirait qu'elles n'ont d'autre but que de retenir davantage ces hôtes opulents, ou de leur faire plus vivement regretter ce séjour de plaisirs et de fêtes. Celles-ci sont toutes champêtres, en plein air, à la clarté du soleil. Là, plus de priviléges, plus de distinction : toutes les classes de la société y sont conviées de droit et confondues ; le champ est ouvert et libre, la veste de bure y coudoie l'habit brodé, et le jupon d'indienne y frôle la robe de satin.

La population de Nice accourt en masse à ces *festins*, car c'est ainsi qu'on les appelle. Dès la veille, on ne trouve plus une seule voiture ni un seul cheval à louer. Chacun y vole ou s'y traîne selon ses ressources ; et il n'est pas jusques à la modeste monture de Sancho Pansa qui ne soit fort recherchée en cette circonstance.

Je ne veux pas finir ma lettre sans vous dire quelques mots de la *Terrasse*, cette délicieuse promenade que les poètes du pays ont chantée (1), et que les amants et les belles ne pourraient oublier sans ingratitude.

Elle est dans la plus heureuse position que l'on puisse imaginer. Elle s'étend, le long du rivage de la mer, sur des maisons bâties uniformément, et domine les arbres d'une autre promenade plus basse et parallèle, que l'on nomme le *Corso*. La vue se repose ainsi tour-à-tour sur la verdure des arbres et sur l'azur

---

(1) M. Dabray, dans ses *Essais poétiques*, publiés en 1816, a chanté les agréments de la *Terrasse*.

des flots; d'un côté l'on entend le ramage des oiseaux et le souffle du vent dans le feuillage; de l'autre, le mugissement des vagues qui se mêle aux chants joyeux des pêcheurs. Dans le lointain, du côté du couchant, apparaissent les bords ombragés de l'embouchure du Var, les montagnes de la Provence, et, tout à l'extrémité du golfe, la ville d'Antibes qui semble avoir été placée là, pour faire contraste par la tristesse de sa position.

LETTRE 2e.

Décembre 1839.

Après avoir jeté un coup-d'œil général sur Nice et m'être livré, un peu trop facilement peut-être, à l'enthousiasme qu'éveillait en moi la vue de la terre natale, qu'il me soit permis, sans manquer à l'engagement que j'ai pris dans ma précédente lettre, de dire quelques mots très rapides sur l'histoire de ce pays.

Nice n'occupa pas dès son origine l'heureuse position qu'elle a de nos jours. Ce n'est même que fort tard qu'elle vint s'abriter au fond du golfe enchanteur d'où, nouvelle Sirène, elle attire maintenant les étrangers pour les dépouiller. Elle fut longtemps assise sur le rocher qui la domine et la sépare de son port : c'est là qu'elle prit naissance.

Vous savez que c'est une fille de Marseille, ainsi que plusieurs autres villes du littoral de la Méditerranée jusques à Monaco, où commençait le territoire Ligurien ([1]).

Les Phocéens, peuple de marchands, après avoir fondé Marseille, voulant étendre leurs colonies, cherchèrent le long des côtes tous

---

([1]) Les anciens géographes et Ptolémée entre autres désignent par le nom de *Terres de Marseille* tous les points de la côte, depuis Monaco jusques à Antibes.

les points qui leur parurent favorables pour l'établissement de leurs comptoirs. Un rocher s'avançait dans la mer, ils s'en emparèrent et bâtirent à son sommet quelques cabanes. Ce nid de pirates fut le berceau de Nice.

Des historiens pensent qu'elle fut fondée pour servir en quelque sorte de boulevard à sa métropole, contre les incursions des Liguriens, et pour en retarder la marche en s'opposant à leurs premiers efforts. Quelque soit le motif de sa fondation, toujours est-il probable qu'il fallut un combat, du sang, une victoire, pour se rendre maître de ce misérable rocher : le nom de Nice l'indique assez, il signifie en grec *Victoire*.

L'époque précise de la fondation de Nice n'est pas connue ; cependant, l'on présume qu'elle dut suivre de près celle de sa métropole, qui fut fondée 300 ans avant l'ère chrétienne.

La domination marseillaise ne s'étendit pas au loin dans les terres. Les collines et les montagnes voisines, ainsi qu'une grande partie de la plaine, étaient occupées par des peuplades connues sous le nom de *Capillati* (chevelus), d'origine gauloise. Il eût été difficile à une colonie de marchands, lors même qu'elle y eût été poussée par l'intérêt, de soumettre des peuples que l'amour de l'indépendance et les épaisses forêts de leurs montagnes rendaient pour ainsi dire indomptables.

Les armées romaines avaient été plus d'une fois inquiétées, en se rendant dans les Gaules, par les attaques de ces peuples, nation dure et véloce, comme les appelle Florus, et qu'il était plus difficile de trouver que de vaincre. Favorisés par la connaissance des lieux et par la facilité de la fuite dans leurs retraites impénétrables, leurs attaques étaient moins des combats que des actes de brigandage que l'occasion leur fournissait (¹). Ils furent cependant battus dans la suite et complétement désarmés par des généraux romains qui leur laissèrent à peine du fer pour cultiver leurs terres.

La principale de ces peuplades alpines était celle des Védiantiens : elle habitait les collines comprises entre le Paglion et le Var, et que l'on appelait *montes cemœnei*, monts ciménéens.

Sur une de ces collines, non loin de Nice, s'élevait la ville de *Cemenelium*, d'origine grecque. Cette ville prit un développement considérable et devint sous les Romains une grande et florissante cité, dont la population dut dépasser 50,000 âmes, si l'on en juge par l'étendue de son enceinte qu'indiquent encore

---

(¹) *Ligures imis Alpium jugis adhærentes inter Varum et Macram flumen, implicitosque domis silvestribus, magis aliquanto labor erat invenire quàm vincere. Tutum locis et fugâ, durum atque velox genus, ex occasione magis latrocinia, quàm bella faciebat.*
(FLORUS, *lib.* 2, *cap.* 3.)

quelques restes de murs de structure romaine. Après avoir eu plusieurs fois à souffrir des attaques de différents peuples barbares, elle fut détruite de fond en comble, à ce que l'on croit, dans le vi[e] siècle, par Alboin, roi des Lombards. Elle avait des temples, des bains, des aqueducs, un amphithéâtre, tout cela a disparu, et il n'est resté que son nom dans l'histoire et quelques pierres éparses à la place qu'elle occupait, pour témoigner que les cités et les empires s'effacent comme les individus de la surface du globe.

Par son importance, comme capitale de la province des Alpes maritimes, sous Auguste, *Cemenelium* fut toujours un obstacle à l'agrandissement de sa voisine. Mais une fois cet obstacle détruit, Nice parut respirer plus à son aise. Malgré les fréquentes incursions des Goths et des Lombards qu'elle eut à repousser et parfois à subir, elle s'accrut insensiblement et déposa bientôt le titre de *Castellum* ou d'*Oppidum* qu'elle avait eu jusqu'alors, pour prendre celui de *Civitas* que *Cemenelium* sembla lui avoir légué.

Cependant, elle n'était pas encore descendue de son rocher. Il paraît qu'elle y vivait tranquille, autant du moins qu'elle pouvait l'être dans le voisinage des Maures, qui avaient envahi tout le pays, et qui n'en furent chassés que fort difficilement au commencement du XIe siècle.

Après s'être soustraite à la domination des comtes de Provence qui l'avaient protégée contre les Maures, Nice jouit pendant assez longtemps de son indépendance, et sut résister aux armes de Raymond Bérenger IV, qui tenta vainement, en 1166, de la faire rentrer sous le joug. Alphonse Ier, roi d'Aragon, étant devenu par droit de succession maître de la Provence, força Nice à se soumettre à son autorité, en lui conservant toutefois ses franchises municipales.

Quelque léger que fut ce joug, l'habitude de l'indépendance le lui rendit intolérable : elle voulut s'en affranchir. Elle arbora donc l'étendard de la révolte, et, soutenue par la république de Gênes, chassa les Aragonais ; mais pour prix du secours qu'elle en avait obtenu, elle fut forcée de jurer fidélité à sa nouvelle alliée, qui lui fit payer cher cette alliance pendant les quatorze années qu'elle dura.

En 1229, Raymond Bérenger V vint attaquer Nice avec des forces considérables, et, plus heureux que son père, parvint à s'en rendre maître.

Alors désabusée sans doute de ses vaines tentatives d'indépendance, Nice se tint tranquille et jouit paisiblement du peu de liberté qui lui fut laissé. Elle vit passer sur sa tête avec indifférence, après le joug des comtes de Provence, celui des princes de la maison d'Anjou, et plus tard celui des rois de Naples.

Elle assista sans y prendre beaucoup de part aux troubles qui agitèrent l'Europe sous le double pontificat d'Urbain VI et de Clément VII.

Enfin, fatiguée de se voir sans cesse exposée à devenir la proie du premier ambitieux qui convoiterait sa conquête, elle voulut se mettre sous la protection de quelque prince valeureux qui put la défendre contre les prétendants à la succession de la malheureuse reine Jeanne de Naples, et elle se donna librement à Amédée VII, comte de Savoie. Par une convention signée le 28 septembre 1388, sous un ormeau qui était planté devant la porte du monastère de Saint-Pons, elle le reconnut pour son souverain légitime, en se réservant toutefois ses libertés communales.

Le château de Nice, qui avait été commencé dans le XIIe siècle par Alphonse 1er, roi d'Aragon, fut achevé par les nouveaux souverains. Cet ouvrage, d'une grande importance, a été longtemps considéré comme le boulevard de l'Italie. Il consistait en trois étages de fortifications qui dominaient la ville et la protégeaient. Il fut détruit en 1691 par le maréchal Catinat qui vint assiéger Nice. Une bombe mit le feu dans le magasin aux poudres ; l'explosion fut épouvantable et réduisit le château à l'état où il se trouve de nos jours.

Nice éprouva bien des fois les horreurs de la guerre. En 1543, elle eut à soutenir un siége terrible contre les Turcs commandés par Barberousse, auxquels s'étaient joints les Français, sous les ordres du comte d'Aguier.

Les femmes animées d'un noble sentiment patriotique, voulurent combattre pour leurs foyers, et Nice eut aussi sa Jeanne Hachette.

Dans l'assaut général du 15 août, une femme du peuple, nommée Catherine Ségurane et surnommée Donna Maufacia (ce qui, en langage du pays, signifie femme malfaite), fit des prodiges de valeur et ranima par son exemple le courage des habitants. Elle s'élança sur le bastion des cinq *caïres* (des cinq côtés) contre lequel était dirigée la principale attaque des Turcs, et frappant le porte-étendard de cette nation, elle lui arracha des mains son drapeau.

Tant d'héroïsme ne put cependant sauver la la ville. Moins heureuse que ses émules les deux Jeannes de France (1), Catherine vit l'ennemi dévaster ses foyers par le fer et par le feu, et plus de 5,000 prisonniers devenir la proie du vainqueur.

Le château seul résista à l'artillerie ennemie, et donna le temps d'arriver à la flotte d'André

---

(1) Jeanne d'Arc et Jeanne Hachette.

Doria et aux troupes qu'amenait le marquis de Guast : ce qui fit lever le siége.

Nice d'aujourd'hui n'est plus Nice d'autrefois. Elle a abandonné depuis longtemps à la sépulture de ses morts le rocher escarpé qui fut son berceau. Les cités comme les individus changent au moral et au physique. Elle a laissé sur la hauteur dont elle est descendue, avec les débris de ses maisons, les vertus mâles et guerrières de ses ancêtres. Il faut à la Nice d'aujourd'hui, au lieu d'un roc stérile, une plaine riante dont elle puisse fouler le gazon de ses pieds délicats; des plaisirs au lieu de combats; des chants d'amour au lieu de cris de guerre. Elle saurait mieux dénouer les écharpes de soie de ses officiers de salon, qu'enlever des étendards musulmans. C'est en vain que vous chercheriez maintenant une Ségurane, vous trouveriez plus aisément une Laïs ou une Phryné.

LETTRE 3°.

Janvier 1840.

Dupaty écrivait en 1785 : « A Nice point
» de mœurs, peu de religion, mais beaucoup de
» dévotion, c'est-à-dire, d'hypocrisie. »

De la part d'un magistrat obligé par état à
ne rendre que des arrêts motivés et avec con-

naissance de cause, ce jugement dut paraître un peu hasardé. Ce n'est pas en traversant en poste un pays que l'on peut connaître les mœurs et le caractère de ses habitants. Pour décider du mérite des productions des beaux-arts, pour apprécier un monument, une statue, des tableaux, quelques instants suffisent sans doute; mais, lorsqu'il s'agit d'étudier les mœurs d'un peuple, d'en connaître les usages et les goûts, les penchants vicieux ou honnêtes, il faut une étude plus longue, plus approfondie, et vingt-quatre heures de séjour dans une ville ne doivent pas suffire à un voyageur quel qu'il soit, pour se croire le droit de la condamner ou de l'absoudre.

Sans doute Nice ne peut pas avoir la prétention de se distinguer par la pureté de ses mœurs, et quelque opinion favorable que j'aie de ce pays, elle ne va pas cependant jusqu'à vouloir lui faire décerner la palme de la vertu.

Mais je ne puis pas non plus admettre le jugement de Dupaty dans toute sa concise sévérité. En supposant même qu'il eût été vrai de son temps, il resterait toujours ce reproche à lui faire, qu'il a été porté avec précipitation et sans connaissance de cause.

La douceur du climat, l'aspect continuel de sites enchanteurs, la facilité de la vie sous un ciel magnifique, et je ne sais quelle amoureuse langueur répandue dans l'atmosphère, tout à Nice, il est vrai, dispose l'âme à la mollesse et la volupté. Joignez à cela la chaleur du sang augmentée par l'élévation de la température, le luxe et les séductions de toute espèce qu'y apporte cette foule d'étrangers oisifs et opulents, et vous aurez bien des raisons, sinon pour justifier, du moins pour expliquer le léger relâchement de mœurs qu'on peut lui reprocher.

Mais doit-on borner à Nice cette accusation,

et ne peut-elle pas s'étendre à la plupart des autres villes d'Italie ?

Pour quiconque a parcouru cette terre d'amour, de poésie et de beaux-arts, il sera facile de répondre à cette question, et la réponse sera certainement affirmative.

N'oublions pas que Nice, par sa position sur le seuil de l'Italie, et en étant presque partie intégrante, doit participer du caractère général de cette nation. Ainsi, les mœurs qu'un Français y trouve trop faciles seront peut-être jugées trop sévères par un Napolitain ou par un habitant de Venise.

Pour ce qui regarde la morale religieuse, on ne saurait disconvenir que, de nos jours, comme il y a soixante ans, le peuple de ce pays ne soit en général très porté pour toutes les cérémonies du culte catholique. Mais, n'en déplaise à M. Dupaty, on ne saurait sans injustice accuser cette dévotion d'être de l'hypocrisie.

Il y a ici, comme dans toute l'Italie, une innombrable quantité de prêtres : on en trouve partout, aux promenades publiques, aux cafés, j'allais presque dire aux spectacles. Le matin, en soutane ; on les revoit le soir en petite redingote, pincés, parés, frisés, souliers vernis, badine en main : ce sont encore nos abbés d'autrefois. Le peuple est fait à cet usage et ne s'en étonne guère. Pourvu que, comme les anciens Romains, il ait ses spectacles : *Panem et Circenses ;* qu'on lui donne régulièrement ses processions, ses cérémonies brillantes, toutes ses pompes religieuses, il est heureux. Aussi en a-t-il à souhait. Ce sont tantôt les pénitents bleus, tantôt les pénitents rouges ; aujourd'hui les blancs, demain les noirs ; sans compter une confrérie de femmes qui s'enveloppent d'un sac de canevas, et que, à cause de cela, l'on appelle *las ensacadas*, les ensachées.

Il serait à désirer sans doute que l'on pût

faire comprendre au peuple que ces pratiques minutieuses de dévotion ne doivent occuper qu'une place secondaire, dans une religion que son divin fondateur a établie principalement sur des préceptes de morale ; mais quand on pense que ces pompes extérieures, ces exhibitions d'images de Saints,. procurent à ces esprits simples des plaisirs et des consolations qu'ils chercheraient vainement ailleurs ; qu'elles les aident à supporter les misères de leur existence ; que ce sont là leurs seules fêtes, leurs seuls spectacles, l'on se sent tout disposé à excuser leur prédilection pour ces usages.

L'on a adopté, dans les églises, un moyen très commode de faire la quête, les jours de grande solennité, lorsqu'il serait difficile de passer dans les rangs des fidèles. Ce moyen, qui permet à chacun de déposer son offrande sans se déranger, consiste à mettre en circulation, dans l'intérieur de la nef, un certain nombre de longs bâtons portant une bourse à l'une de leurs extrémités. Les assistants se les font passer les uns aux autres et s'en gratifient réciproquement. L'on se sent quelquefois frapper légèrement sur l'épaule, l'on se retourne et l'on aperçoit l'extrémité du bâton quêteur qui vous invite à le prendre. Tous ces bâtons se levant et s'abaissant tour-à-tour, font le plus singulier effet, et un étranger, qui entrerait dans ce moment à l'église, pourrait se croire témoin d'un combat général à coups de cannes. Malgré sa singularité, ce mode de quêter a pourtant son avantage en empêchant un plus grand désordre.

Le doux penchant au *far niente*, si commun dans les pays méridionaux, se fait sentir vivement à Nice, dans toutes les classes de la société, mais particulièrement chez les personnes que leur position met au-dessus de la nécessité de gagner leur vie en travaillant. Peut-être à l'influence du climat vient se joindre chez plusieurs celle d'une mauvaise éducation. Les dames surtout semblent fuir l'intérieur de leur habitation et les soins du ménage. Le désœuvrement les pousse sans cesse dans la rue, sur les promenades publiques, et plus souvent encore dans les églises, où elles accourent pour la moindre fête et à toute heure du jour. C'est un moyen d'échapper aux soucis et aux devoirs de la famille, en satisfaisant cette disposition naturelle à ne rien faire que la beauté du ciel fait naître.

Dans les villages des Alpes, les femmes apportent à l'église les berceaux de leurs nouveau-nés, qu'elles bercent tout le temps du service divin ; tandis que ces petits anges du Seigneur ne cessent de chanter ses louanges sur un ton fort lamentable, et de parfumer son temple avec d'autres parfums que ceux de l'Arabie.

Puisque j'en suis aux villages des Alpes,

laissez-moi vous raconter une cérémonie dont j'ai été témoin dans mon enfance, et qui, par sa singularité, mérite de vous être rapportée.

Une confrérie de pénitents, je ne sais plus de quelle couleur, avait décidé, pour mieux célébrer le saint jour de la mort de notre Sauveur, de faire une procession qui représentât les diverses phases de la Passion. L'idée était louable et pieuse; malheureusement, au milieu des meilleures pensées que Dieu suggère à l'homme, il s'en trouve toujours quelqu'une que le malin esprit vient y mêler. On se distribua les rôles. Un des pénitents avait dans la confrérie des ennemis secrets; — où n'en a-t-on pas? — Ils lui offrirent le rôle du Christ : c'était le rôle saint, il accepta : ses ennemis se chargèrent de celui de bourreaux. Dès que la procession se mit en marche, celui qui représentait la divine victime courba le dos pour recevoir une immense croix de bois, vide, légère, mais dont la longueur ne lui permettait pas de se redresser. Les bourreaux marchant à ses côtés, le tiraillaient dans tous les sens, au moyen des cordes qui le tenaient attaché, et, avec les fouets dont ils étaient armés, ils frappaient à tour de bras, non sur le bois, ainsi qu'il avait été convenu, mais sur les épaules nues du patient. Le respect humain retenait ses plaintes ; les soupirs que lui arrachait la douleur étaient regardés par le peuple comme appartenant au rôle sublime qu'il remplissait, et l'on admirait la vérité de son jeu. Mais le trajet de la procession devait être long, et ses bourreaux semblaient à chaque instant redoubler de furie. Le malheureux, ne pouvant imiter jusques au bout la résignation du fils de Dieu, dans un moment de souffrance et de désespoir, jeta sa croix dans un fossé, au grand scandale de toute la population.

Une procession, à peu près semblable, se fait chaque année à Monaco, le Vendredi-Saint, sur les dix heures du soir, et attire une foule considérable de curieux dans cette ville.

Nice eut aussi dans le temps ses cérémonies ridicules ; mais, depuis un grand nombre d'années, le bon esprit de ses gouvernants et la sagesse de quelques prélats éclairés ont banni de son culte toutes ces représentations, restes d'un temps barbare, et n'ont laissé subsister que celles qui, sans porter atteinte à la dignité de la religion, sont nécessaires au goût et aux habitudes du peuple.

Il est cependant encore un usage qui mérite d'être à jamais proscrit, au nom du bon goût et du respect des arts : c'est celui d'attacher aux tableaux des saints, dans les églises, des *ex voto* d'or ou d'argent qui ne font que dégrader la toile, et produire à la vue le plus mauvais effet. L'on voit souvent encore des mîtres et des crosses de métal appliquées sur le portrait d'un saint évêque, des cœurs et des couronnes sur la plupart des tableaux. Je laisse à penser l'effet disgracieux que cela doit produire.

On compte à Nice et dans les environs plusieurs monastères placés dans des sites très pittoresques. A Cimier (l'antique *Cemenelium*), auprès des ruines d'un temple d'Apollon, s'élève un joli couvent de Franciscains, d'où la vue s'étend sur toute la campagne de Nice. On ne peut voir sans émotion, dans le cimetière du couvent, un tombeau tout récent qui renferme les dépouilles mortelles de la jeune comtesse d'Orestis, fille d'un célèbre romancier français [1], et l'on se rappelle aussitôt, les larmes aux yeux, ces vers touchants arrachés à la douleur d'un père :

> O Mathilde, ange de la terre,
> Te voilà donc ange du ciel! etc.

---

[1] Le vicomte d'Arlincourt.

A Saint-Barthélemi, village situé à une lieue environ de Nice, est un autre couvent de l'ordre des Dominicains, si je ne me trompe. Le cimetière, qui est attenant à l'église, est commun aux habitants du hameau. Comme partout, des épitaphes prétentieuses et plus menteuses les unes que les autres, marquent la place des notables de l'endroit. J'aperçus dans un coin, sous les hautes herbes, une pierre sans inscription, mais à laquelle était scellé un anneau de fer. Je demandai au religieux qui m'accompagnait ce que couvrait cette pierre, et il me répondit que c'était *la tomba*, la fosse commune, où l'on jetait ceux qui ne pouvaient payer leur place dans ce champ de repos. Je soulevai le funèbre couvercle, et un spectacle d'horreur s'offrit à ma vue. Une vingtaine de cadavres, de tout âge, de tout sexe, étaient entassés dans diverses positions horribles, indécentes, ridicules même,

— s'il pouvait y avoir quelque chose de ridicule dans un cadavre ! — selon que la chute les leur avait données. Le soleil, qui éclairait perpendiculairement l'intérieur de la fosse, me permit de saisir tous les détails de ce lugubre tableau. Au cri d'indignation qui s'échappa de ma poitrine, le moine me regarda avec étonnement, et je me ressouvins aussitôt que c'étaient des gens qui n'avaient pas payé pour être mieux placés.

Mais revenons à Nice, où j'ai dit qu'il y avait aussi plusieurs monastères. Il en est un, situé au point le plus élevé de la ville, où l'on accourt, lors de certaines fêtes, pour entendre les belles voix des religieuses. Il a été tour-à-tour occupé par les vierges du Seigneur, et par les soldats de la République et de l'Empire, qui en avaient fait une caserne. Maintenant il est de nouveau revenu aux sœurs de la Visitation, qui l'ont purifié par leurs prières.

Ici, comme partout, cette vie de calme et de tranquillité, que promet le cloître, a toujours séduit les jeunes personnes, qui n'espèrent pas de trouver dans le monde la réalisation de leurs rêves. De combien de regrets, de soupirs, de larmes amères ces cellules muettes ne sont-elles pas témoins! Si elles pouvaient raconter toutes les scènes de désespoir qu'elles ont vues, peut-être sauveraient-elles quelques infortunées de la tombe anticipée, où elles vont ensevelir leurs plus beaux jours. Que ceux du moins, à qui il a été donné de pouvoir faire entendre leur voix, ne négligent aucun moyen de combattre, dans ces jeunes cœurs abusés, une influence souvent, hélas! irrésistible. J'ai moi-même vainement tenté de rendre à sa malheureuse mère une fille qu'elle allait perdre pour toujours. Mes paroles ont été impuissantes, et j'ai vivement regretté, en cette circonstance, de ne pas trouver en moi de ces accents persuasifs qui sont donnés à certains hommes. Là, où j'ai échoué, d'autres sans doute auraient réussi, et auraient épargné bien des larmes. J'ai du moins la satisfaction de l'avoir essayé.

Voici quelques vers à ce sujet que je vous adresse. Veuillez les accueillir avec indulgence, en faveur du motif qui les a dictés.

Quoi! tu voudrais au fond d'un monastère,
Si jeune encore ensevelir tes jours!
Ange du ciel, ta mission sur terre
Est-elle donc de vivre solitaire
    Et de prier toujours!

Dieu te donna de touchantes paroles,
Un doux regard, un cœur tendre et sans fiel;
Ah! n'est-ce pas pour que tu nous consoles
Dans notre exil, avant que tu t'envoles,
    Pour remonter au ciel.

Dans tes yeux bleus brille une vive flamme,
Comme une étoile au milieu de l'azur;
C'est un reflet, un rayon de ton âme,
Qui nous pénètre et soudain nous enflamme
    De l'amour le plus pur.

Ta douce voix est suave à l'oreille,
Comme le bruit d'un ruisseau sous des fleurs,
Comme le chant de l'oiseau qui s'éveille,
Comme l'adieu que murmure l'abeille
    A chaque rose en pleurs.

Un mot de toi peut calmer la souffrance
Du malheureux que le destin poursuit,
Ton seul regard peut rendre l'espérance
A qui gémit, à qui pleure en silence
    Et le jour, et la nuit.

Puisque ici-bas il est tant de misères,
Puisque chaque heure éveille des douleurs,
Pourquoi vouloir abandonner tes frères,
Toi, qui rendrais leurs peines plus légères,
    En partageant leurs pleurs !

Lorsque chacun t'idolâtre et t'envie,
Quand près de toi tout le monde est joyeux,
Quand de te voir l'on a l'âme ravie,
Pourquoi vouloir nous dérober ta vie?
    Pourquoi quitter ces lieux ?

Oh ! non, Dieu veut que tu donnes l'exemple,
Aux yeux de tous, des plus saintes vertus,
Et quand tu vas l'adorer dans son temple,
Qu'avec respect la foule te contemple
    Comme un ange de plus.

LETTRE 4ᵉ.

Février 1840.

Le caractère des populations des Alpes, dans les environs de Nice, diffère beaucoup de celui des habitants de la plaine. L'âpreté des lieux qu'il habite se retrouve dans les mœurs du peuple des montagnes : elles sont fortement empreintes de rudesse et même d'une certaine férocité. Aussi, était-ce presque exclusivement dans les villages des montagnes que se recrutaient ces bandes de brigands qui, sous le nom de *barbets*, firent tant de victimes parmi nos soldats, lors de l'occupation de ce pays par l'armée française.

Les mœurs des habitants de la plaine sont au contraire douces, paisibles et plus en rapport avec la beauté du paysage et la douceur du climat. On ne retrouve plus chez eux cette gravité taciturne et cet aspect farouche, qui caractérisent les paysans et les bergers des Alpes. La civilisation a effacé entièrement ces traces primitives de la barbarie, mais en imprimant, en quelque sorte, sur leur front, le cachet de la servitude.

Une physionomie riante, des manières affables, une insouciance qui touche à la paresse, et une politesse qui descend jusques à la servilité, sont les points les plus saillants du caractère Niçois. Comme il y a, ici, beaucoup de gens titrés ou qui se donnent pour tels, soit étrangers, soit indigènes, le peuple, pour ne pas se tromper, traite de baron, de comte ou de marquis, tout ce qui a une mise un peu décente. Pour lui aussi, tout étranger qui porte un habit, de quelque nation qu'il soit d'ailleurs, est un anglais : l'on trouve ainsi, à Nice, plus d'un anglais des bords de la Seine ou de ceux de la Vistule. Cela tient à ce que ces insulaires y ont été toujours en majorité, et s'y sont toujours fait remarquer autant par leurs guinées que par leurs manières excentriques. Ils sont ici comme ils sont partout, d'un sans-façon et d'un *laisser-aller* admirables. Ils entrent au cercle, s'allongent sur un canapé, s'y endorment un journal à la main, et y ronflent bientôt comme ils savent ronfler. Ils ne se gênent pour personne ; peu leur importe que l'on murmure ou que l'on rie : ils sont contents d'eux-mêmes, cela leur suffit. S'il pleut, ils s'enveloppent de la tête aux pieds dans du caout-chouc; s'il fait soleil, ils portent un parapluie en guise d'ombrelle. Pénétrés du sentiment de leur importance, et sachant combien leur présence est nécessaire à cette ville, qu'elle y répand l'abondance et l'allégresse, ils se mettent fort peu en peine d'être agréables aux habitants. Ils se laissent choyer, fêter, flatter, caresser : tout se fait en vue de leur plaire, de les attirer et de les retenir le plus longtemps possible. Les Niçois sont pour eux d'une galanterie à toute épreuve.

Cependant on a lieu de s'étonner que dans un pays, dont la principale récolte est l'huile, l'éclairage des rues laisse tant à désirer. On conçoit que, dans l'intérêt des propriétaires, on hésite à adopter le nouveau mode d'éclairage par le gaz; mais du moins devrait-on améliorer l'ancien en multipliant les reverbères. Ceux qui existent sont placés à de telles distances, les uns des autres, qu'on les prendrait souvent pour des étoiles, et des nébuleuses encore, tant ils éclairent mal. C'est au point que les étrangers, habitués à des rues mieux éclairées, ont l'air de jouer le soir à Colin-Maillard, et qu'il faut bien connaître la ville pour se hasarder à la parcourir dans les ténèbres.

Autrefois la plupart des maisons n'avaient d'autres cheminées que celle de la cuisine, à laquelle d'ailleurs il était peu facile de se chauffer à cause de la hauteur du foyer. Aussi arrivait-il bien souvent que malgré la douceur du climat, on souffrait plus du froid, à Nice, que dans beaucoup d'autres endroits moins favorisés par la nature. Les appartements de l'ancienne ville ont encore ces inconvénients, mais les nouvelles maisons, bâties généralement pour les étrangers, offrent tout le confortable que des anglais maladifs peuvent désirer.

Le costume des habitants n'a rien de particulier ni de remarquable : ce sont les modes françaises plus ou moins fidèles, plus ou moins outrées ; seulement l'usage presque général, pour les femmes du peuple et les grisettes, est d'aller en cheveux. Elles forment de leur chevelure une torsade, entremêlée de velours noir, qu'elles roulent fort coquettement autour de la tête comme une couronne. Les paysannes de la campagne de Nice ont aussi des coiffures très gracieuses, dont les principales sont le *Caïreu* et la *Capeline*. Cette dernière est un chapeau de paille, très peu flexible, imitant assez bien la forme qu'avaient les boucliers ronds chez les anciens. Elles portent ce chapeau sur l'oreille, avec tant de grâce et de coquetterie, que plus d'une belle *lady* ne dédaigne pas de retourner en Angleterre avec cette charmante coiffure.

L'habillement des bergers, qui descendent à la ville des hauteurs environnantes, celui des femmes surtout, où les couleurs éclatantes dominent davantage, a quelque chose de très pittoresque, bien que d'une étoffe grossière, fabriquée dans leurs montagnes.

Les habitants de Nice parlent toujours entre eux l'idiome du pays, c'est-à-dire le Niçard, qui a beaucoup d'analogie avec le Provençal, mais qui s'en distingue cependant par plus de douceur, soit que cela provienne de la prononciation ou de la suppression de quelques consonnes.

Le patois qui, dans toutes les villes du midi de la France, ne serait pas admis en bonne compagnie, est ici d'un usage général et adopté par toutes les classes de la société sans exception. Ainsi, le magistrat et l'artisan, le noble et le bourgeois, la grande dame et la grisette parlent également patois Ce n'est pas à dire pour cela, que les personnes d'un certain rang ne puissent pas, lorsqu'il le faut, s'exprimer en italien ou en français; mais elles le font mal, et l'on s'aperçoit aisément que ce n'est pas leur langage habituel.

Le Niçard a d'ailleurs, lorsqu'il est bien parlé, une certaine grâce, une certaine harmonie, que l'on retrouve plus ou moins dans tous les patois qui sont de la même famille, et qui dérivent de la langue romane.

Un poète du pays a donné dans ce dialecte un poème héroï-comique, sous le titre de *la Nemaïda ou lou trionf dai Sacrestan.*

Dans cet ouvrage, qui a obtenu un succès mérité, la malignité du public a cru trouver, malgré les protestations de l'auteur, une foule d'allusions et de personnalités qui ont éveillé bien des haines. Ce qu'on y trouve bien certainement, c'est une imagination brillante, une peinture fidèle des mœurs des habitants, des traits comiques en abondance, des descriptions charmantes des localités. Si, au milieu des éloges nombreux qu'a obtenus et mérités l'auteur de ce poème, on osait mêler un reproche, ce serait celui d'être descendu quelquefois à des détails trop bas, et qui ne paraissent comiques que parce qu'ils n'ont pas toute la décence désirable. L'auteur a semblé prévoir ce reproche, lorsqu'il dit dans sa préface que « *dans la peinture des mœurs, il est descendu à la classe populaire pour prendre le ton convenable à un poème burlesque.* » Mais quel que soit le genre qu'on traite, quels que soient les personnages que l'on mette en scène, il est une certaine décence dont un écrivain ne doit jamais s'écarter : il doit se rappeler sans cesse ce précepte du grand législateur du Parnasse :

Quoi que vous écriviez, évitez la bassesse ;
Le style le moins noble a pourtant sa noblesse.

Il est à Nice un autre poète contemporain, qui a fait paraître, en 1816, un volume de poésies françaises et italiennes, sous le titre de : *Essais poétiques.* Il s'en est tenu là de ses publications ; mais il a encore, dit-il, en *portefeuille,* assez de vers pour former six autres volumes dont il cherche, depuis longtemps, un éditeur.

Sous le titre gracieux et léger de : *Les Sylphides*, une muse niçoise a dédié au roi Charles Albert, un volume de ses inspirations de jeune fille, où se révèle le sentiment le plus poétique.

A Nice, la poésie enflamme tous les cœurs et déborde de toutes les têtes. En présence d'une nature si riante, si pittoresque, si animée, l'on se sent involontairement inspiré, et l'on chante en vers, plus ou moins heureux, ce que le cœur éprouve.

Ce fut dans un moment d'humeur, occasionné par la rencontre de deux ou trois de ces poètes ambulants, qui fourmillent dans ce climat, que je m'écriai, sans songer que j'étais peut-être moi-même atteint de la maladie du pays :

Des vers ! toujours des vers ! quel déluge de rimes !
On ne peut faire un pas sans en être inondé !
De nos sots rimailleurs nous serons les victimes :
S'il faut ce châtiment, grand Dieu ! pour tous nos crimes,
Fais qu'un peu de répit nous puisse être accordé !

Mais comment échapper au sort qui nous accable !
Si l'on veut fuir T..., l'on rencontre D....
Et chaque banc du Cours, du café chaque table
Porte de ces rimeurs la trace détestable,
Et les fades produits de leur cerveau timbré.

Comme le nautonnier, aux côtes de Sicile,
Pour éviter Carybde, hélas ! tombe en Scylla ;
Ainsi même danger nous menace à la ville,
Si l'on veut fuir un sot, on heurte un imbécile
Qui, pour notre malheur, se trouve toujours là.

LETTRE 5ᵉ.

Mars 1840.

De quelque côté que l'on dirige ses pas dans la campagne de Nice, l'on est sûr de trouver partout d'agréables promenades, des sites enchanteurs, des points de vue magnifiques. Une grande variété de végétaux, de gracieux paysages, de nombreux monuments historiques viennent offrir sans cesse, au naturaliste, au peintre, à l'archéologue, des sujets d'étude intéressants et des jouissances variées.

Pour moi, qui ne suis venu demander à ces contrées que quelques distractions et un peu de soulagement à mes maux, je vais errant au hasard, promenant sans but mes rêveries, et ramassant avec empressement sous mes pas tout ce que je crois pouvoir vous intéresser.

En suivant le bord de la mer, par une belle route unie qui traverse, dans toute sa longueur, le faubourg de la *Croix de Marbre*, l'on arrive, en une heure de marche environ, au pont du Var. Le milieu du pont est la séparation du Piémont et de la France. Il va sans dire qu'aux deux extrémités, il y a, comme à toutes les frontières, une barrière de douaniers : ce sont les portiers des États. Ceux du Piémont sont là pour arrêter au passage les armes, le tabac, et certaines idées (celles du moins qui se présentent sous la forme palpable d'un livre). Aussi, le moindre volume est-il soumis à un sévère examen. Malheureusement, comme la plupart des douaniers Piémontais sont peu versés en littérature et en bibliographie, il s'introduit beaucoup d'idées de contrebande.

Le Var, ainsi nommé peut-être à cause de l'irrégularité de son cours, prend sa source dans les Alpes, à une vingtaine de lieues de là. Il devient parfois terrible et fait de grands ravages. Avant d'arriver au pont, il a envahi une vaste étendue de terrain, ce qui lui forme un lit d'une largeur très considérable, qu'il n'occupe cependant qu'à l'époque des grandes crues. Il s'est joué jusqu'à présent de toutes les digues partielles que lui ont opposé les propriétaires riverains ; mais une compagnie s'est formée depuis peu pour entreprendre un endiguement général, et l'on espère réduire bientôt ce fleuve, quelque mauvais coucheur qu'il soit, à céder une partie de son lit. Ses fréquents débordements ont formé dans ce quartier, qui sans cela serait très agréable, une espèce de marécage qui le rend insalubre, et y perpétue les fièvres intermittentes.

Si, au lieu de tourner vers la France, l'on dirige sa promenade du côté de l'Italie, l'on trouve, à une distance de trois quarts de lieue, Villefranche, petite ville dont la température est plus chaude et plus égale que celle de Nice, puisque les citronniers y viennent en plein champ.

Je ne vous parlerai pas de sa rade qui est fort belle, de son port militaire, du bagne, des casernes et de l'arsenal ; j'ai hâte de poursuivre ma route et de parcourir ce beau rivage sous des arbres toujours verts. L'olivier, le chêne, le noueux caroubier bordent le chemin et ombragent vos pas. L'on arrive ainsi à la chapelle de *Saint Hospice*, célèbre par la demeure du pieux anachorète qui lui a donné son nom. Les Maures, maîtres du pays, construisirent dans ce lieu un fort redoutable, qui existe encore de nos jours, et qui porta longtemps le nom de *Fraxinet*.

De cette pointe de terre l'on découvre plusieurs villes ou villages de la côte : Beaulieu, charmant pays bien digne du nom qui lui a été donné ; le village d'Esa, juché à la cime d'une montagne comme un nid de vautours, et où il semble qu'on ne peut arriver qu'en aérostat ; Monaco, ville capitale d'un État qui n'a que deux villes. En cette qualité, elle mérite que je m'y arrête un instant et que je vous en dise deux mots.

Elle est bâtie sur un rocher à pic qui s'avance dans la mer. En venant de Nice, les navires passent sous la ville et tournent ce rocher pour entrer dans le port qui est derrière et qui n'est autre chose qu'une crique. C'est là que débarqua Hercule, à ce que l'on pense, d'après la dénomination d'*Herculis monœci portus*, qu'avait anciennement ce lieu. Il paraît certain, du moins, qu'un temple y était consacré à ce héros de l'antiquité.

Quand on est débarqué, on n'est pas pour cela à Monaco; il faut encore gravir le rocher, passer sur plusieurs ponts-levis, derrière des meurtrières, sous des machicoulis, affronter trois ou quatres canons sans affûts qui protègent la ville, et l'on arrive enfin sur la place principale : celle du château du souverain.

Le château a peu d'apparence à l'extérieur. Dans la cour on trouve, pour monter aux appartements qui sont assez vastes, un bel escalier à double rampe et à balustres de marbre blanc. Cet escalier et plusieurs bonnes fresques, déjà fort dégradées, sont les seules choses qui méritent quelque attention.

La ville est triste, sans mouvement et sans

vie. Si ce n'étaient ses champs d'orangers et de citronniers, ses jardins ornés de grenadiers, de myrthes, de lauriers, d'aloès, de cactiers et de toute une végétation africaine, je serais de l'avis de M. Petit Senn, qui prétend qu'on ne peut emporter de Monaco que le doux espoir de n'y plus revenir.

En gravissant la montagne qui le domine, et sur laquelle passe la route de Nice à Gênes, l'on arrive, par un sentier escarpé, à la Turbie, *tropœa*, trophée, d'après les étymologistes qui expliquent tout. Ce sont les ruines d'une tour élevée à la gloire de César-Auguste. Elle avait une inscription constatant la victoire remportée par les Romains sur tous les peuples des Alpes, au nombre de plus de quarante, et dont les noms étaient gravés sur le marbre. Ce monument, qui devait être colossal à en juger par ce qui en reste, et par tous les bâtiments que l'on a construit de ses débris, portait à son sommet la statue de l'empereur en l'honneur duquel il avait été élevé.

Non loin de là, au fond d'une vallée solitaire, est le monastère de *Laguet*, dont la chapelle est consacrée à la Sainte-Vierge. On y accourt en foule, le jour de la Trinité, de toutes les contrées voisines, pour venir implorer de l'intercession de la mère de Dieu, la guérison des maladies les plus incurables.

Au moment où je rentrais dans Nice, de retour de mon excursion, une foule considérable était rassemblée sur le port, pour voir un bâtiment d'une nouvelle espèce qui venait d'y entrer par une mer extrêmement houleuse : c'était une vraie pirogue de sauvage faite d'un tronc d'arbre grossièrement travaillé. Un long bâton tenait lieu de mât et soutenait une légère voile de soie rouge. La proue était ornée d'un héron empaillé, dont le long cou remplaçait le mât de beaupré. L'équipage de ce singulier navire était non moins extraordinaire : il ne se composait pas tout-à-fait d'un homme. Vous riez ? rien pourtant n'est plus exact. C'était un jeune marin auquel il manquait une jambe. Je le vis sauter à cloche-pied de sa barque sur le quai et du quai dans sa barque, avec une légéreté et une insouciance peu communes. Il venait de Cannes, d'où il était parti la veille pour tenir un pari, et il comptait s'en retourner le lendemain de la même manière. Le temps affreux qu'il avait essuyé, les dangers qu'il avait courus, n'avaient pu ébranler la résolution de cet intrépide jeune homme, à qui on pouvait appliquer ce qu'Horace disait du premier navigateur :

Illi robur et œs triplex
Circà pectus erat, qui fragilem truci
Commisit pelago ratem, etc.

Mais le premier navigateur dut choisir du moins, pour son début dans une carrière si périlleuse, une mer calme et unie ; tandis que ce jeune écervelé, privé même de la ressource de l'un de ses membres, n'avait pas craint de braver toutes les fureurs de la tempête. A l'aspect de cette mer agitée, dont les vagues venaient se briser avec fracas contre le môle, je ne pus me défendre d'un sentiment d'amère pitié pour l'audacieux défi jeté par un fou à la Providence, qui n'avait pas daigné l'accepter.

Je m'assis, pour contempler le majestueux spectacle des flots soulevés, sur un des énormes blocs de rochers qui protègent l'entrée du port. Tout était morne et triste du rivage à l'horison, et la teinte sombre du ciel n'était interrompue çà et là que par l'éclatante blancheur des goëlands en fête. Un bruit sourd et continu, semblable au roulement d'un tonnerre souterrain, servait d'accompagnement à ce spectacle sublime. Transporté d'admiration, je jetai sur le papier les quelques strophes suivantes :

L'entendez-vous gronder la superbe captive
  Qu'un Dieu seul pouvait maîtriser ;
Entendez-vous au loin sa voix sourde et plaintive
Maudire en la rongeant la chaîne de sa rive,
  Qu'elle tente en vain de briser !

Voyez-là dérouler sous une épaisse brume
  Ses larges flots étincelants,
Et vomir sur ses bords, en blancs flocons d'écume,
L'implacable courroux que dans ses flancs allume
  L'esclavage de six mille ans.

Gronde, gronde sans cesse et jette sur la plage
  Au milieu de tes flots amers,
Chaloupes, matelots, et voilure et cordage,
Et fragments de vaisseaux et débris de naufrage...,
  Tu ne pourras briser tes fers.

Une fois Dieu permit que l'on rompit ta chaîne ;
    Aussitôt tes flots vagabonds
Quittent en bouillonnant leur humide domaine,
D'un immense linceul, ils recouvrent la plaine,
    Et bientôt le sommet des monts.

Quand dans les profondeurs de tes sombres abîmes
    Tu voyais tout s'ensevelir ;
Quand tout disparaissait jusqu'aux plus hautes cimes,
Quand tes vagues roulaient victimes sur victimes,
    Que tu devais t'enorgueillir !

Oh ! que la liberté dut te paraître douce !
    Rien alors ne gênait ton cours,
Tu t'avançais gaîment partout où l'herbe pousse,
Et secouant aux vents tes algues et ta mousse,
    Tu te crus libre pour toujours.

Mais celui qui du fond de leurs grottes profondes,
    Avait de sa puissante main
Fait sortir les torrents, les fleuves et tes ondes,
Te dit, en arrêtant leurs courses vagabondes,
    Redeviens esclave demain.

Et soudain, reprenant ton antique esclavage,
Comme un coursier reprend le mors,
Tu vis autour de toi s'élever le rivage
Sur lequel désormais ton éternelle rage
Devait épuiser ses efforts.

Pour rentrer dans la ville, de la partie du port où je me trouvais, il y a deux routes à suivre : l'une, à gauche, est tracée sur les flancs de la montagne du château qui sépare Nice de son port, passe à *raouba capeou*, pointe de rocher ainsi nommée, parce que l'on y est fréquemment exposé à des coups de vents dangereux pour les coiffures ; et arrive enfin, après avoir traversé le joli quartier des *Ponchettes*, à la promenade de la Terrasse que vous connaissez déjà.

L'autre route prend à droite pour suivre le quai du port et tourne le rocher du château, en sens inverse de la première. Un beau chemin bordé de rosiers, de cactiers, d'aloès et de beaucoup d'autres plantes tropicales, conduit sur la hauteur, jusqu'aux ruines du château. Mais ce n'est point là le chemin qui mène à la ville. Il faut suivre au pied du rocher un boulevard agréable qui aboutit à la place Victor, place carrée, fort régulière et entourée de portiques.

Dans la direction du nord l'on trouve aussi des promenades fort pittoresques, le long du torrent qui vient se joindre à la mer sous les murs de Nice.

Je vous ai parlé, dans mes lettres précédentes, de Cimier, de ses antiquités, du couvent que l'on a bâti sur des ruines romaines, et d'où l'on jouit d'une vue admirable ; j'ajouterai que les jardins les plus frais embellissent ce coteau. Au-dessous de Cimier est le monastère de Saint-Pons, qui fut fondé vers l'an 775, par Charlemagne, à son passage pour se rendre en Italie.

Saint Pons a souffert en ce lieu le martyre pour avoir refusé d'obéir aux ordres de Claudius, gouverneur de Cimier, qui lui ordonnait de sacrifier à Apollon.

On se rend à ce monastère par une très-belle route nouvellement construite et qui longe le torrent de Paglion. Ce torrent, que Pline désigne par le nom de *fluvius Palo*, prend sa source à six lieues environ au-dessus de Nice, et est à sec les trois quarts de l'année.

Vous parlerai-je maintenant des productions du pays, de son industrie, de son commerce? Vous savez que l'olive, l'orange, la figue et l'étranger, sont ses principales récoltes ; la location des appartements sa principale industrie. Vous savez aussi que c'était autrefois le refuge de tous les banqueroutiers français ; mais aujourd'hui ils ne sortent plus de France :

la banqueroute s'est acclimatée. Nice d'ailleurs ne serait plus assez grande pour donner asile à tant d'infortunés enrichis.

LETTRE 6ᵉ.

Avril 1840.

Parmi les quelques riens que j'avais à vous envoyer, je m'aperçois que j'en ai oublié un qui est pourtant quelque chose : c'est de vous parler de l'état de l'art culinaire dans ce pays. Brillat Savarin prétend que *la destinée des nations dépend de la manière dont elles se nourrissent, et que la découverte d'un mets nouveau fait plus pour le bonheur du genre humain, que la découverte d'une étoile.* Jugez, d'après cela, quel oubli était le mien, et combien je dois me hâter de le réparer, quoique je n'aie aucune découverte de ce genre à vous annoncer.

La cuisine française, dont la supériorité est incontestable, a été adoptée de tout temps par les principaux hôtels de la ville, où descendent les étrangers de distinction. Il serait impossible à ces estomacs affaiblis de supporter la cuisine du pays qui est loin d'avoir les mêmes délicatesses.

Il est rare qu'un repas ne commence pas ici par quelque mets qui vous rassasie au point de vous ôter l'envie d'en manger d'autres. Ce premier plat est ordinairement composé de pâtes que l'on fabrique à Nice. Ce sont : des *vermicelles*, des *macaronis*, des *frigamans*, des *la-*

sagnes, des *oreillettes*, et beaucoup d'autres dont je vous fais grâce. Il en est un cependant qui mérite une mention particulière, et qui est généralement connu dans l'Italie sous le nom de *ravioli*. Ce plat, fort estimé à juste titre, est un hachis de viandes, recouvert d'une pâte légère, qu'on laisse mitonner sur le feu en l'assaisonnant de beurre et de fromage de Parmesan râpé. Mais il vaut mieux encore le goûter que de l'entendre décrire. Il est pour ainsi dire d'obligation dans tous les repas de cérémonies, et les commence toujours en guise de potage. Quelle que soit la bonté de ce mets, il a pourtant deux inconvénients : l'un, sous le rapport gastronomique, qui est d'abréger le repas en rassasiant les convives dès le principe ; l'autre, sous le rapport hygiénique, d'être de difficile digestion. Malgré cela, il est de toutes les fêtes, et mériterait peut-être d'être adopté par la cuisine française, comme l'ont été d'autres mets de préparation étrangère.

Le fromage râpé joue un grand rôle dans la cuisine italienne. A Nice, on le sert sur toutes les tables et on en met partout : sur les potages maigres, sur les potages gras, dans les ragoûts, dans les omelettes, dans les gâteaux : j'aurais de la peine à vous dire où l'on n'en met pas.

Les Niçois sont grands mangeurs de jardinage. Ils font surtout une grande consommation de poirée qu'ils appellent : *bléa*. Aussi leur a-t-on donné un sobriquet qui désigne le goût particulier qu'ils ont pour cette plante, et que la décence ne me permet pas d'indiquer. Ils font avec la poirée une espèce de gâteau qu'ils saupoudrent de sucre et qu'ils prisent beaucoup : ils le nomment *tourta de bléa*.

La supériorité de leur jardinage est due, non seulement à la bonté du terrain, mais encore à la nature de l'engrais qu'ils y emploient. Toutes les latrines de la ville fournissent de fumier les jardins et les campagnes des environs. Le propriétaire d'une maison tient compte à son locataire du fumier qu'il peut produire, et fait un rabais de six francs par personne sur le montant du loyer, à condition pourtant que les absences ne seront ni trop longues, ni trop fréquentes.

Quoique la Méditerranée ne soit pas très poissonneuse sur les côtes de Nice, on y pêche cependant, à certaines époques, une grande quantité de sardines, de maquereaux, de muges, et surtout d'anchois que l'on donne à très bas prix. Les soles, les loups, les merlans, y sont beaucoup moins communs.

L'on a remarqué que le poisson pêché dans les eaux de Villefranche a un goût bien plus exquis que celui de Nice, sans qu'on puisse en connaître la raison. La côte de Villefranche est assez abondante en rougets, en dorades et principalement en thons.

Avec de petits poissons qui viennent à peine de naître, que l'on désigne sous le nom de *nonats* ou bien encore de *poutine*, et dont l'agglomération forme une espèce de pâte d'une consistance gélatineuse, l'on fait des beignets, des omelettes et même des pâtés qui sont estimés, avec raison, par les gourmets.

Le terroir de Nice produit quelques bons vins. On peut citer, en première ligne, le vin de *Bellet,* d'un bouquet agréable, mais qui est extrêmement capiteux. Viennent ensuite les vins d'*Asprémont*, de *Cimier* et d'autres dont on doit également se défier.

Le régiment de Savoie, qui vient de partir pour changer de garnison, et qui est entièrement composé de Savoyards peu habitués dans leurs montagnes aux faveurs de Bacchus, avait tellement pris à cœur le culte de ce Dieu, que les désordres les plus graves s'ensuivaient dans la discipline. C'est du moins à de trop fréquentes libations que l'on attribuait les insubordinations, et les querelles qui se renouvelaient sans cesse et qui donnèrent lieu à des peines très sévères. Il faut espérer, pour l'honneur de ce corps, que, dans la nouvelle garnison qu'il va tenir, le fils de **Sémélé** se montrera plus traitable, ou que ces braves militaires seront eux-mêmes moins fervents.

Ceci m'amène naturellement à vous parler quelque peu des troupes du roi de Sardaigne, dont on vante généralement la belle tenue; mais je réserve ces détails pour ma prochaine lettre.

LETTRE 7º.

Mai 1840.

Le gouvernement piémontais paraît attacher une grande importance à la beauté du costume de ses troupes, et n'y rien épargner. L'uniforme des régiments d'infanterie qui sont à Nice est d'une coupe élégante et gracieuse; mais on pourrait reprocher à celui des officiers trop de richesse et une profusion d'ornements. Ces larges galons luisants, ces riches broderies, ces énormes et brillantes épaulettes, tout ce clinquant enfin m'a toujours un peu rappelé les uniformes de Franconi et de l'Opéra-Comique. Il faut plus de simplicité sur l'habit du guerrier exposé sans cesse à toutes les injures du temps; comment sortir sans parapluie, lorsque l'on est doré sur toutes les coutures!

La discipline dans l'armée est d'une sévérité extrême. On exige du soldat, non seulement l'obéissance passive, mais encore un respect servile qui éteint dans son cœur tout sentiment de dignité. Ainsi un soldat est tenu, en s'adressant à son sergent, d'employer la troisième personne du verbe, comme plus respectueuse, et l'infraction à cette règle ridicule est punie sévèrement.

J'ai vu de mes propres yeux, dans un café,

un officier se tenir debout comme un domestique derrière son colonel qui déjeûnait tranquillement à une table, et attendre fort longtemps qu'il plût à celui-ci de lui donner ses ordres. Je ne crois pas qu'il se trouvât, en France, un officier supérieur assez mal appris pour infliger une pareille humiliation, ni un officier subalterne assez patient pour la subir.

Tout ce qui porte épaulettes a, ici, comme dans le reste du Piémont, de grands priviléges : un bourgeois serait mal venu dans une affaire qu'il aurait à démêler avec un militaire. Quoique je sois loin de partager l'horreur qu'éprouvait Alfieri, pour *l'infâme métier des armes* (1), je désirerais cependant que la balance de la justice fût plus égale entre tous les citoyens d'un même État, et que le sabre du

---

(1) *Mi sentii raddopiare e triplicare l'orrore per quell' infame mestier militare, infamissima e sola base dell' autorita arbitraria, che sempre è il necessario frutto di tante migliaja di assoldati satelliti.* (Vita di Alfieri, Cap. VIII.)

soldat n'y pesât pas davantage que la lime ou le rabot de l'ouvrier.

Les officiers, la noblesse du pays, les étrangers de distinction et certains fonctionnaires publics, sont les seules personnes admises aux soirées du gouverneur. Mais la faveur dont jouissent les fonctionnaires est toute personnelle et ne s'étend pas jusques à leurs femmes: elles sont exclues de ces soirées, à moins qu'elles n'appartiennent, par leur famille, à la classe de la noblesse.

Tout, à Nice, se fait avec beaucoup d'ostentation. Il n'est pas de petit employé qui ne se croie un personnage important, et qui ne veuille le persuader aux autres : s'il a ses entrées chez le gouverneur, il se croit une puissance. Je sais bien que la vanité est un peu de tous les pays et inhérente au cœur de l'homme ; mais il me semble qu'elle se fait remarquer, ici, plus qu'ailleurs.

Il fait beau voir, à l'époque de certaines fêtes, les trois consuls de la ville, le noble, le bourgeois et le paysan, ainsi qu'on les appelle, se rendre pompeusement à l'église cathédrale, dans une voiture de place, et affublés d'un costume théâtral qui a quelque analogie avec celui du comte Almaviva, dans le *Mariage de Figaro*. A leur approche, la porte principale s'ouvre à deux battants; ils traversent la nef au son de la musique pour se rendre au banc qui leur est destiné. Là, quand vient le moment d'être encensés, on les encense, et il n'est pas jusques au secrétaire de la mairie qui ne tende le cou pour aspirer un peu de cette fumée enivrante

Les Juifs ne sont pas plus en faveur à Nice que dans beaucoup d'autres villes d'Italie. Ils sont parqués, à l'exception d'une ou deux familles, dans une petite rue que l'on nomme le Guetto. Ils sont exclus même du cercle où tous les étrangers sont admis. Une des premières conditions pour pouvoir être membre de cette société, c'est de professer la religion catholique. Le principal banquier de la ville qui par sa fortune tient le premier rang dans le pays, est reçu en sa qualité de consul d'une puissance étrangère; mais l'exclusion subsiste pour ses fils.

Paganini vient de mourir. Cette mélodieuse existence s'est éteinte misérablement dans un modeste appartement garni de cette ville. J'ai voulu voir cet homme qui avait rempli l'Europe de sa renommée et de ses accords. Il était embaumé d'après le procédé Gannal, et étendu sur une chaise longue, au milieu d'une chambre de chétive apparence. Pas une larme ne coulait et n'avait coulé autour de lui ; il était là, seul, sans parents, sans amis, confié à la garde d'un domestique indifférent, qui le laissait voir comme une curiosité. Voilà donc la gloire! De ce célèbre artiste, il ne reste plus maintenant que le souvenir et une réputation quelque peu entachée d'avarice. On lui refuse, dit-on, la sépulture, parce qu'il n'aurait pas voulu recevoir les derniers sacrements. Son testament prouve cependant qu'il avait des sentiments religieux. Peut-être ne croyait-il pas sa fin aussi prochaine, et s'y est-on pris maladroitement pour lui offrir les secours de la religion. Quoi qu'il en soit, plusieurs jours se sont déjà écoulés depuis sa mort, et cependant aucunes funérailles n'ont encore été faites. On garde un grand mystère; qu'en résultera-t-il? Je l'ignore. Grâce à M. Gannal rien ne presse.

Vous voyez, d'après cela, que s'il fait bon vivre dans ce pays, il ne fait pas toujours bon y mourir. Un malentendu, une négligence peuvent vous faire servir de pâture aux corbeaux.

Combien l'homme se montre sottement barbare, lorsqu'il veut se faire l'instrument des vengeances d'un Dieu de miséricorde! Il se venge sur la matière insensible, tandis que le vrai coupable est déjà devant le tribunal de son juge suprême.

LETTRE 8ᵉ.

Avril 1840.

Je voudrais, avant de quitter ce pays, vous dire quelques mots de son histoire naturelle, et vous donner une idée des différentes espèces d'animaux qui l'habitent et des plantes qui couvrent son sol; mais je n'ai pas la science nécessaire pour traiter convenablement ce sujet, et mes observations ne sont ni assez importantes, ni assez exactes pour présenter quelque intérêt. Il est vrai que je pourrais, comme tant d'autres, fouiller dans la flore et dans la faune des Alpes maritimes, et vous envoyer mes larcins ; mais, j'aime encore mieux, s'il faut que j'aborde cette matière, n'avoir recours qu'à mes propres ressources, au risque de découvrir mon insuffisance.

Les environs de Nice offrent sous le rapport de la nature tous les genres de richesses. Ces montagnes que les eaux et les feux souterrains ont anciennement tourmenté, présentent dans leur intérieur de nombreuses traces de ces luttes intestines. Elles sont, dans tous les sens, et à de grandes profondeurs, percées de grottes et d'immenses excavations connues dans le pays sous le nom de *Baumes*, et la plupart remplies de fort belles stalactites.

Toutes les hauteurs qui avoisinent Nice recèlent dans leurs couches une grande quantité de fossiles : les nautiles, les astéries, les échinites s'y rencontrent partout en abondance, et, dans les régions les plus élevées des Alpes, on trouve un grand nombre de zoophytes, de lithophytes et d'autres pétrifications.

Les différences de climat et de température que présente la succession de rochers, de collines et de montagnes qui entourent Nice, permet à la nature d'y réunir dans un petit espace les productions des pays les plus écartés.

Les sapins, les mélèzes, les chênes blancs garnissent les sommets des Alpes ; le buis s'élève en arbre sur le penchant des montagnes ; dans les vallées se trouvent les frênes, les ifs, les ormeaux, les alisiers, les sorbiers des Alpes (*crategus aira*). A six ou sept lieues de Nice, le noyer et le châtaignier commencent à se montrer. Sur toutes les collines, des bosquets de fustets *(rhus cotinus)*, de sumac des corroyeurs *(rhus coriaria)*, d'arbousiers, d'airelles myrtilles *(myrtilus coriarius)*, viennent charmer la vue. Le pin maritime croît le long des côtes de la mer, et les cistes en garnissent les landes incultes.

Dans la campagne, à différentes expositions, se montrent fréquemment l'arbousier commun, le pistachier lentisque, la sabine à feuilles de cyprès, le ricin commun arborescent, de nombreux cactiers et des aloès.

On trouve assez communément dans certaines montagnes des Alpes, l'*anagyris fœtida* ou *bois puant*, ainsi nommé de l'odeur désagréable qu'il répand dès qu'on le touche. Cette dénomination s'applique, selon les pays, à différents arbres. Ainsi, dans l'Inde, ce n'est plus l'*anagyris*, mais le *cassie* ou *mimosa farnesiana* que l'on appelle vulgairement bois-puant.

Je ne puis m'empêcher de relever ici cette

épithète injurieuse appliquée par les Indiens à cet arbre charmant que l'on cultive à Nice dans les jardins, et dont les fleurs, en forme de petites houppes jaunes, embaument l'air de suaves parfums.

Vous n'avez pas besoin sans doute que je vous parle du figuier, du mûrier, du caroubier, de l'arbre de Minerve. Vous savez qu'on ne peut faire un pas, dans la campagne de Nice, sans jouir de leur verdure et de leur ombrage. Mais je dois mentionner, parmi les richesses dont abonde le règne végétal dans un si beau climat, l'arbre précieux qui, d'après la Fable, garnissait le Jardin des Hespérides.

L'oranger tient à Nice le premier rang après l'olivier, et s'il est obligé de lui céder le pas, sous le rapport du produit et de l'utilité, combien ne l'emporte-t-il pas sur lui par la beauté et l'agrément. Son beau feuillage d'un vert brillant, que relèvent à la fois la blancheur éclatante de la fleur, et la couleur dorée du fruit, lorsqu'il est parvenu à sa maturité, l'odeur suave et douce qu'il répand au loin dans la campagne, et que la brise marine rapporte le soir jusque dans les rues de la ville, en font sans contredit le plus bel ornement des jardins.

Outre l'oranger, Nice possède encore toutes les autres espèces du genre citronnier ; le citronnier proprement dit, le cédratier, le limonier, le limettier, le bigaradier et le pomplemousse ou pamplemousse, comme l'écrit l'auteur de Paul et Virginie.

L'on pense que la France méridionale, et Nice par conséquent, possèdent le citronnier depuis l'arrivée des Phocéens qui l'auraient apporté d'Asie. Velleius Paterculus, en parlant des victoires de César, dit que les ornements de son triomphe des Gaules étaient en bois de citronnier : *Gallici apparatus ex citro.*

Une grande discussion s'est engagée parmi les savants pour savoir si ce passage de Velleius Paterculus n'aurait pas été altéré, et si l'on n'aurait pas mis *citro* au lieu de *cedro*. Les uns prétendent que Pline l'ancien a parlé du citronnier, d'autres qu'il ne le connaissait même pas. Comme il y a des autorités pour et contre, je ne veux pas prendre parti, moi chétif, dans un si grave débat.

Tandis que j'écris ces lignes, je viens d'apercevoir sur ma fenêtre un hideux petit animal que l'on appelle ici une *tarentola* : c'est un *gecko*, espèce de reptile de l'ordre des Sauriens *(gecko fascicularis* ou *muricatus)*. Il habite les maisons, se cache sous les pierres, dans les fentes des murailles, et inspire par ses formes, par la couleur de sa peau, par les tubercules qui couvrent son corps, une horreur bien méritée. Le peuple l'accuse d'être venimeux ; cependant, rien ne le prouve. Si c'est une calomnie, comme je suis porté à le croire, il faut avouer que son aspect n'est pas fait pour la détruire.

Toute la nature est en fête : le printemps a reparu. J'aperçois déjà dans les airs, le soir, lorsque le soleil s'est couché derrière les montagnes de la Provence, une innombrable quantité de points lumineux qui s'agitent, se croisent, s'abaissent et s'élèvent tour-à-tour. Ce sont des *lampyris ailés* que l'on connaît ici sous le nom de *luernas*, et dans l'Italie sous celui de *luciolas*. Ces petits coléoptères apparaissent avec les beaux jours.

Le matin, au soleil levant, des milliers de fleurs agitent leurs corolles comme autant d'encensoirs. Leurs doux parfums volent dans les airs, au premier souffle de la brise, et, avant de monter au pied du trône de celui dont ils émanent, ils vont annoncer la saison de l'espérance au malade affaibli, au vieillard attristé par les sombres journées d'hiver. Tout participe au bonheur de la nature, et semble jouir avec reconnaissance des bienfaits innombrables du Créateur. Les hirondelles, en sillonnant l'espace, font entendre de toutes parts leurs petits gazouillements. Le soleil nous envoie des rayons plus chauds : c'est le signal du départ pour les étrangers qui sont à Nice.

Je vais te quitter, aussi, terre enchantée qui m'as rendu l'existence ! Adieu, pour toujours peut-être ! Mais, j'emporte avec moi ton souvenir, et mes pensées viendront te visiter et te parcourir encore ! Ah ! quel que soit mon bonheur d'aller revoir la France, je sens qu'il ne peut calmer le regret que j'éprouve de t'abandonner.

FIN.

www.ingramcontent.com/pod-product-compliance
Lightning Source LLC
LaVergne TN
LVHW050629090426
835512LV00007B/750